MÉMOIRE

SUR

LES SAMARITAINS.

MÉMOIRE
SUR L'ETAT ACTUEL
DES
SAMARITAINS,

Lu à la Classe d'Histoire et de Littérature ancienne de l'Institut impérial de France;

PAR M. SILVESTRE DE SACY.

(EXTRAIT DU 52e. CAHIER DES ANNALES DES VOYAGES, etc.)

A PARIS,

Chez Fr. BUISSON, Libraire, rue Gilles-Cœur, n° 10;

Et chez TREUTTEL et WURTZ, Libraires, rue de Lille, n°. 17.

1812.

MÉMOIRE

SUR L'ÉTAT ACTUEL

DES

SAMARITAINS,

Lu à la Classe d'Histoire et de Littérature ancienne de l'Institut impérial de France.

Le travail que nous offrons en ce moment au public, a beaucoup moins pour objet des recherches d'antiquité, que l'exposé de l'état actuel d'une nation qui, sans avoir jamais joué un rôle bien important sur le théâtre du monde, s'est cependant conservée jusqu'aujourd'hui séparée de toutes les autres, pendant près de vingt-huit siècles, et dont l'histoire est nécessairement liée à celle du peuple juif, de la religion chrétienne, et des livres qui sont les fondemens de cette religion. Les Samaritains, différens en cela de tous les autres peuples, n'ont jamais eu une existence indépendante. Soumis successivement aux Assyriens, aux Perses, aux Grecs, aux princes de la Judée, aux Romains, et à toutes les dynasties musulmanes qui, depuis la conquête de la Syrie par Omar, se sont succédées dans la possession de ce pays, ils ont conservé leur religion, leur langue, leurs livres sacrés, et le lieu principal de leur culte. Peut-être avant deux ou trois générations disparoîtront-ils totalement du seul lieu où quelques-unes de leurs familles existent encore de notre temps. Cette considération les rend dignes de fixer nos regards ; et il est utile de recueillir, pour ainsi dire, leurs derniers soupirs, et de conserver aux siècles pour lesquels ils auront cessé d'être, les derniers vestiges de leur existence.

Les livres historiques de l'Ecriture que nous avons reçus des Juifs, nous font connoître l'origine de cette nation que nous appelons *Samaritains*. On sait que Salmanasar, roi d'Assyrie, ayant détruit le royaume des dix tribus, et pris Samarie qui en étoit la capitale, emmena en Assyrie tout ce qu'il y avoit de distingué parmi les habitans de ce royaume, par la naissance, le rang ou les richesses, et qu'il y tranporta des colonies tirées de divers lieux de ses États. Ces colonies idolâtres se mêlèrent aux anciens habitans du pays, qui, malgré leur penchant pour l'idolâtrie, n'avoient jamais totalement abandonné le culte du Dieu d'Abraham, et la loi de Moïse. Il se forma alors, comme il est raconté au quatrième Livre des Rois, une religion mixte, où le culte du vrai Dieu demeura le culte général, chaque colonie y joignant celui de la divinité qu'elle avoit coutume d'adorer dans le pays d'où elle avoit été tirée. Il est vraisemblable que les Israélites demeurés dans le royaume des dix tribus formoient la plus grande partie de la population; en sorte qu'en peu de temps leur culte, leurs dogmes, leurs cérémonies religieuses, leurs lois civiles fondées sur les livres de Moïse, devinrent communs à toutes les colonies étrangères que le droit de conquête avoit établies dans leur pays. Car malgré la haine que les Juifs, depuis leur retour de la captivité, n'ont cessé de porter aux Samaritains, nous ne voyons point qu'ils leur reprochent, du moins jusqu'au temps de Jésus-Christ, le crime d'idolâtrie. Si, comme le dit l'historien Josephe, pour ne point éprouver le même sort que les Juifs, les Samaritains consentirent, du temps d'Antiochus, à consacrer le temple du mont Garizim à Jupiter, c'est là la foiblesse d'une nation lâche et dénuée d'énergie qui cède à la tyrannie et à la crainte, et non l'effet de l'opinion ou d'une tolérance invétérée. Il est même certain que si le culte des idoles eût été établi alors parmi les Sa maritains, ils n'auroient eu rien à appréhender de la fureur d'Antiochus, et n'auroient pas craint de se voir confondus avec les Juifs.

Aussi l'histoire des Juifs sous le gouvernement des princes Hasmonéens, et celle de l'établissement de l'Evangile, ne nous présentent-elles les Samaritains que comme une nation, ou, si l'on veut, une secte réunie par les articles fondamentaux de la croyance avec les Juifs, mais divisée de ces derniers par le culte public et le lieu auquel elle attachoit l'exercice légitime de ce culte. Quelques autres points, sans doute, divisoient encore les deux nations; mais à peine pourroit-on, à raison de ces variétés d'opinion, établir entre les Juifs et les Samaritains une différence aussi grande que celle qui existoit au temps de Jésus-Christ entre les Pharisiens et les Sadducéens, qui néanmoins participoient en commun aux mêmes cérémonies, aux mêmes sacrifices, au même sacerdoce, et se trouvoient réunis dans les mêmes assemblées et les mêmes tribunaux. La plus grande différence qui séparoit les Juifs et les Samaritains, c'est que sans doute, alors comme aujourd'hui, ces derniers ne recevoient que la loi de Moïse, et méconnoissoient tout le surplus des livres admis dans le canon des Juifs.

On peut demander d'où vient le nom de Samaritains, et quelle est la signification de ce nom. Une telle question paroîtra peut-être superflue au plus grand nombre des lecteurs, qui, sans l'avoir jamais examinée, s'imaginent qu'il n'y a aucun doute que le nom de *Samaritains* ne signifie les *habitans de Samarie*, et ne vienne de celui de cette ville. Cette étymologie, toute naturelle qu'elle paroisse, n'est cependant point sans difficulté, et elle n'est admise ni par les anciens Pères de l'Eglise, ni par les Samaritains. Les uns et les autres dérivent ce nom de שומר *schomer*, au pluriel שומרים *schomerim*, participe du verbe שמר *schamar*, *garder*. Saint Epiphane ne fait aucune difficulté d'interpréter le nom de *Samaritains* par le mot grec φύλακες, et dit que « les Samaritains furent appelés ainsi, parce qu'ils avoient été » établis dans ce pays pour le garder, ou » parce qu'ils étoient les gardiens des lois de » Moïse. » Ἑρμηνεύονται Σαμαρεῖται φύλακες, διὰ τὸ ἐν τάξει φυλάκων τέταχθαι ἐν τῇ γῇ, ἢ ἀπὸ τοῦ φύλακας αὐτοὺς εἶναι τῆς κατὰ τὸν νόμον Μωυσέως διατάξεως (1).

Eusèbe ou saint Jérôme son traducteur, suit la même interprétation, et paroît adopter pour motif de cette dénomination, la seconde des raisons proposées par saint Epiphane : *Rex Chaldæorum*, dit-il, *ad custodiendam regionem Judæam accolas misit Assyrios, qui emulatores*

(1) *Epiph.*, *lib. I*, *hær. IX.*

legis Judææ facti, Samaritæ nuncupati sunt, quod latinâ linguâ exprimitur custodes (1). Le même Père, en plusieurs endroits de ses ouvrages, fait allusion à cette signification du nom des Samaritains. Il me paroît vraisemblable que les Pères que j'ai cités avoient emprunté cette opinion des Samaritains eux-mêmes, qui encore aujourd'hui n'en ont point d'autre, comme nous le voyons par leurs lettres à leurs frères supposés d'Angleterre, où ils s'expriment ainsi : « Nous vous assurons main-» tenant, nos frères les enfans d'Israël, que » nous sommes attachés à la loi de Moïse le » prophète, en vérité, et que nous *gardons la* » *loi sainte, et que nous sommes appelés* GAR-» DIENS. Ce qu'il y a de certain, c'est qu'une pareille interprétation ne peut venir des Juifs. Outre que ceux-ci, ennemis déclarés des Samaritains, étoient bien éloignés de les considérer comme les gardiens de la loi de Moïse, c'est qu'ils ne les ont jamais désignés en leur langue que sous le nom de *Cuthéens*, nom qui appartenoit primitivement à l'une des nations desquelles avoient été pris les colons que le roi d'Assyrie avoit envoyés dans le royaume des dix tribus. On doit croire que les Cuthéens avoient fourni le plus grand nombre de ces colons, et que par cette raison leur nom devint

(1) *Eus. Pamph. Chron. lib. poster. num.* MCCLXX.

commun à tous ces étrangers, et même au reste de la population ancienne avec laquelle ils s'incorporèrent. Josephe nous assure positivement que Σαμαρεῖται est le nom grec de ceux que les Juifs appellent Χουθαῖοι, et encore aujourd'hui les Juifs les nomment כותיים *Couthiim.* D'ailleurs le nom de Samarie étant en hébreu שמרון *Schomeron*, si ce nom eût été l'origine immédiate de celui des Samaritains, on auroit dit שמרנים *Schomeronim*, et non pas שמרים *Schomerim.* Ce dernier mot ne se trouve nulle part dans le texte hébreu de la Bible. Le mot שמרנים *schomeronim*, régulièrement formé de שמרון *schomeron*, se rencontre en un seul endroit (2 *Reg.* c. 17, v. 29), et il signifie les habitans de la ville de Samarie, avant la destruction du royaume des dix tribus par le roi d'Assyrie. Si l'on trouve dans la Vulgate (2 *Esd.* c. 4, v. 2) *frequentia Samaritanorum*, cela n'est pas exactement conforme au texte, qui porte חיל שמרון *turba Samariæ.* Il faut donc reconnoître que ce sont les Grecs qui ont donné à ceux que les Juifs appeloient *Cuthéens*, le nom de *Samaritains*, dérivé de celui de Samarie ; qu'il a dû être en usage avant l'époque où Samarie commença à porter le nom de *Sébaste*, ou même celui de *ville de Gabinius*, πόλις Γαβινίων ou Γαβινίου ; enfin, que ce nom, inventé par les Grecs, ayant été connu des Samaritains, ils ont cherché à lui donner une signification honorable pour eux, ce qui étoit d'autant plus naturel, que les formes du langage qu'ils parloient, ne leur permettoient pas de dériver le mot *samaritain* שמרים du nom de la ville de Samarie שמרון.

Il seroit inutile de tracer ici l'histoire des Samaritains d'après les derniers livres historiques du canon des Juifs, les évangélistes, Josephe, et les autres monumens de l'histoire ecclésiastique et profane. Il suffit de renvoyer à cet égard aux savans ouvrages de Cellarius, Basnage et Reland. Il est convenable seulement de rappeler au grand nombre des lecteurs quelques faits qui pourroient ne leur être pas assez présens.

Les Samaritains ont toujours possédé et possèdent encore aujourd'hui la loi de Moïse en langue hébraïque. Cet exemplaire, le même en général que celui des Juifs, en diffère cependant, non-seulement par un assez grand nombre de variantes, telles qu'il s'en trouve toujours entre les divers exemplaires d'un même ouvrage, et qui viennent ou de l'ignorance ou de la négligence des copistes, mais encore par une quantité considérable d'additions, d'omissions et de changemens qui ont été faits à dessein, soit dans l'exemplaire des Juifs, soit dans celui des Samaritains. L'exemplaire des Samaritains diffère encore essentiellement de celui des Juifs par le caractère d'écriture ; et l'on a les plus fortes raisons de croire que celui dans lequel est écrit l'exemplaire des Samaritains, est celui-là même dont les Juifs faisoient usage avant la captivité de Babylone. Enfin, les Samaritains n'ont jamais imité l'exemple des Juifs, des Syriens et des Arabes, qui ont introduit dans leur écriture des signes propres à suppléer à l'absence des voyelles, et à fixer la prononciation.

Outre le texte des cinq livres de Moïse dont on vient de parler, les Samaritains ont une version de ces mêmes livres, écrite avec les mêmes caractères que le texte original, mais dans un dialecte particulier que nous appelons de leur nom *dialecte samaritain*, et qui tient de l'hébreu, du chaldéen et du syriaque, et diffère cependant d'une manière assez notable de toutes ces langues, soit par ses formes grammaticales, soit par des racines qui lui sont particulières, ou par des acceptions différentes de celles qu'ont dans ces autres langues des mots qui leur sont communs avec le dialecte samaritain. Plus anciennement, les Samaritains paroissent avoir eu pour leur usage une version grecque des livres de Moïse, comme dans des temps postérieurs ils ont eu une traduction arabe des mêmes livres, et des commentaires en la même langue. Ils ont aussi des liturgies écrites soit en hébreu, soit en samaritain ; ils écrivent quelquefois la langue arabe en caractères samaritains, comme les Juifs l'écrivent en caractères hébreux. Il est vraisemblable qu'ils ont eu des historiens; mais nous ne connoissons point leurs ouvrages, si l'on en excepte deux mauvaises chroniques remplies des bévues les plus grossières et des plus ridicules anachronismes. Elles sont écrites l'une et l'autre en langue arabe. Les Samaritains n'ont pas été plus exempts de divisions que les Juifs, les Chrétiens et les Musulmans, et il y a eu parmi eux une secte fameuse, connue sous le nom de *Dosithéens*.

Après cet exposé succinct qui n'apprendra rien aux personnes instruites, mais que nous avons cru nécessaire, nous allons rappeler en peu de mots les circonstances qui, dans les temps modernes, ont procuré à l'Europe quelques notions sur l'état, la religion, les dogmes et les rites des Samaritains.

Jules Scaliger est, à ce qu'il paroît, le premier qui ait éveillé l'attention des savans et des voyageurs zélés pour les progrès des sciences, sur l'importance dont il étoit de procurer à l'Europe le Pentateuque samaritain. Waser, dans son commentaire sur le Mithridate de Gesner, répéta le même vœu. Pietro-della-Valle satisfit ce vœu; et ayant acheté à Damas, en 1616, un exemplaire du Pentateuque samaritain, il en fit don à l'ambassadeur de France à Constantinople, M. Achille Harlay de Sancy, vers 1621. Ce ministre l'envoya à la maison des PP. de l'Oratoire, dite de Saint-Honoré. Ce fut d'après ce seul manuscrit que le P. Morin publia, dans la Polyglotte de Le Jay, ce texte précieux des livres de Moïse. Pietro-della-Valle rapporta encore en Europe d'autres manuscrits samaritains; son exemple fut imité par divers voyageurs, et l'on connoît aujourd'hui en Europe quinze ou seize manuscrits, tant complets qu'imparfaits, du texte samaritain, sans parler de la version samaritaine, de quelques fragmens de liturgies, de commentaires sur le Pentateuque, etc. On peut encore ajouter à ces monumens de la religion et de la doctrine des Samaritains, la version arabe des livres de Moïse, faite pour l'usage de cette secte, et que j'ai fait connoître dans une dissertation publiée d'abord en latin dans le *Repertorium für Biblische und Morgenlænd. Literatur* de M. Eichhorn, et ensuite en français, avec beaucoup d'augmentations et de corrections, dans le tome XLIX des *Mémoires de l'Académie des Inscriptions et Belles-Lettres*. Il faut y joindre une dissertation latine publiée en 1803, à Leyde, par M. van Vloten.

Mais l'objet auquel je dois surtout m'arrêter ici, ce sont les lettres écrites à diverses époques par les Samaritains, à quelques savans européens qui avoient cherché à établir des liaisons avec eux, dans l'espérance d'en obtenir des renseignemens importans sur divers points des lois, des rites et de l'histoire de la nation juive. Les plus anciennes adressées à Joseph Scaliger, mais qui ne lui sont point parvenues, sont écrites l'une par les Samaritains de Sichem ou Naplouse, l'autre par ceux du Caire. Elles sont datées l'une et l'autre de l'an de l'hég. 998, 1589 de Jésus-Christ. Scaliger avoit écrit aux Samaritains de ces deux villes. Les réponses, qui n'arrivèrent qu'après sa mort, furent mises entre les mains de Genebrard. Elles tombèrent ensuite dans celles de Peiresc qui les envoya au P. Morin. Ce savant oratorien en fit une traduction latine qui ne fut publiée qu'après sa mort par R. Simon, dans le recueil intitulé: *Antiquitates Ecclesiæ orientalis*. Les originaux furent déposés à la bibliothèque du roi. La version du P. Morin étant très-peu exacte, j'ai cru faire une chose utile en publiant le texte de ces deux lettres, avec une nouvelle traduction latine et quelques notes critiques, dans le t. XIII du *Repertorium für Bibl. und Morgenl. Lit.* de M. Eichhorn.

En l'année 1671, Robert Huntington, qui faisoit alors les fonctions de ministre du saint Évangile à la factorerie anglaise d'Alep, et qui mourut en 1701 évêque de Raphoe en Irlande, fit un voyage à Jérusalem. Il alla visiter les Samaritains de Naplouse, pour prendre des informations sur leur religion, leurs dogmes et leur culte : l'intérêt qu'il paroissoit mettre à ce sujet, excita l'étonnement des Samaritains, qui lui demandèrent s'il y avoit aussi des Israélites dans son pays. Sur sa réponse affirmative, ils lui présentèrent une feuille écrite en caractères samaritains ; leur étonnement redoubla quand ils virent qu'il lisoit ces caractères, et ils ne doutèrent plus que les Israélites établis en Angleterre, dont leur parloit Huntington, ne fussent leurs frères. Huntington, saisissant cette circonstance, leur proposa d'écrire à ces prétendus frères, de leur exposer les principaux points de leur religion, et surtout les observances qui les distinguoient des Juifs, et de joindre à leur lettre un exemplaire de la loi. Aussitôt l'un d'eux lui remit entre les mains un exemplaire du Pentateuque ; et huit jours après ils lui envoyèrent, à Jérusalem, la lettre qu'il leur avoit demandée pour leurs frères d'Angleterre. La lettre et le manuscrit arrivèrent heureusement en Angleterre. Th. Marshall qui étoit alors recteur du collége d'Oxford, et qui mourut doyen du collége de Lincoln en 1685, répondit à la lettre des Samaritains, écrite en 1672; et la correspondance ainsi établie dura quelques années. Avant que les Samaritains eussent reçu la réponse de Marshall à leur première lettre, ils en avoient adressé une seconde à Huntington, en langue hébraïque et caractères samaritains. Elle est datée de l'an de l'hég. 1085, 1675 de Jésus-Christ.

Huntington ayant enfin reçu la lettre de Marshall, l'envoya aux Samaritains, et y joignit une lettre par laquelle il leur demandoit des éclaircissemens sur le culte qu'on les accusoit de rendre à une colombe. Les Samaritains y répondirent par une lettre arabe, datée de l'an de l'hégire 1086. Ils envoyèrent en même temps deux lettres à Huntington pour les faire passer en Angleterre : l'une est écrite en arabe, et datée de l'an 1096 de l'hégire ; l'autre, qui étoit écrite en hébreu, est perdue : on n'en a conservé qu'un fragment, encore n'est-ce point en original. Enfin on a encore une lettre des mêmes à leurs frères d'Angleterre, écrite en arabe, et datée de l'an 1099 de l'hégire.

Des lettres adressées par les Samaritains, soit à Huntington, soit à leurs frères d'Angleterre, la première, datée de 1672, a été publiée, mais en latin seulement, par Job Ludolf, dans un petit volume dont je parlerai dans la suite. Je suis surpris que M. P. J. Bruns, qui assure posséder une copie du texte original de cette lettre écrite en hébreu, ne l'ait point fait imprimer. Cellarius en a rapporté quelques passages dans sa Dissertation *de gentis Samaritanæ Historiâ et Ceremoniis*, ainsi que M. Bruns dans le *Repertorium* de M. Eichhorn, t. XIII, p. 292. La lettre écrite à Huntington avant la réception de la réponse de Marshall, a été traduite en allemand, et publiée dans cette langue par M. Schnurrer, qui possède une copie de l'original. Elle se trouve dans le *Repertorium* de M. Eichhorn, t. IX, p. 8.

La réponse de Marshall à la première lettre des Samaritains, composée par ce savant en langue hébraïque, a été publiée également par M. Schnurrer, en allemand seulement, *ibid.* p. 11.

On y trouve également, p. 16, en arabe et en allemand, la lettre des Samaritains en réponse à Huntington, de l'année 1086 de l'hégire.

Des deux lettres écrites, en 1096 de la même ère, par les Samaritains à leurs frères d'Angleterre, celle qui étoit écrite en arabe se trouve en original avec une traduction allemande à la suite des précédentes, p. 22; quant à celle qui étoit écrite en hébreu, elle est perdue, comme nous l'avons déjà dit : M. Schnurrer donne seulement, p. 35, le contenu du fragment qui s'est conservé de la traduction.

Enfin le même savant a publié dans le même recueil, t. IX, p. 36, en arabe et en allemand, la dernière lettre des Samaritains à leurs frères d'Angleterre, datée de 1099 de l'hégire.

En l'année 1684, un Juif d'Hébron, nommé Jacob Lévi, d'origine espagnole, passant à Francfort pour se rendre à Amsterdam, où il se proposoit de recueillir des aumônes pour ses frères de l'Orient, Job Ludolf reçut de lui quelques informations sur l'état des Samaritains. Ludolf, profitant de cette occasion pour lier une correspondance avec les Samaritains de Naplouse, remit pour eux à ce Juif une lettre écrite en hébreu et en caractères samaritains. La lettre fut rendue exactement à ceux à qui elle étoit adressée, par le Juif qui en étoit porteur. Il reçut des Samaritains deux réponses écrites en langue hébraïque et en caractères samaritains, adressées *à Francfort, à M. Job Ludolf,* et les fit parvenir à leur destination. Ludolf les ayant traduites en latin, et accompagnées à la hâte de quelques notes, les communiqua à Cellarius, par qui elles furent publiées dans les deux langues, à Zeiz, en 1688. On y joignit la traduction latine faite par Edouard Bernard, de la première lettre écrite par les Samaritains à leurs frères d'Angleterre. Le volume est intitulé : *Epistolæ Samaritanæ Sichemitarum ad Jobum Ludolfum.... cum ejusdem latinâ versione et annotationibus. Accedit versio latina persimilium litterarum à Sichemitis haud ita pridem ad Anglos datarum*, *Cizæ*, 1688.

Ludolf ayant répondu aux deux lettres des

Samaritains, comme il le dit lui-même dans la préface de l'ouvrage que je viens de citer, en reçut une nouvelle lettre en 1691. Quoiqu'il eût promis dans cette même préface de publier leur réponse quand il l'auroit reçue, cette promesse n'eut point d'exécution. La lettre cependant fut communiquée à Cellarius, qui en cita quelques passages dans la nouvelle édition donnée en 1699, à Halle, de son *Historia gentis et religionis Samaritanæ;* édition d'après laquelle Walchius a publié de nouveau cette même histoire dans le Recueil des dissertations philologiques de Cellarius, qu'il a donné à Leipsick en 1712. On y trouve divers textes de cette lettre écrite en langue hébraïque et en caractères samaritains. Cette troisième lettre des Samaritains a été enfin publiée en original avec une traduction latine et quelques notes, par M. P. J. Bruns, en 1781, dans le programme qu'il publia en entrant en exercice de ses fonctions dans l'université de Helmstadt, et le tout a été imprimé de nouveau dans la XIIIe partie du *Repertorium* de M. Eichhorn, à la suite des lettres des Samaritains à J. Scaliger.

Toutes les lettres dont nous venons de parler ont servi à un assez grand nombre de savans pour former un tableau des dogmes, des rites et des opinions des Samaritains modernes. Basnage, Carpzovius, Cellarius, Lobstein et autres ont traité ce sujet avec beaucoup d'étendue. M. Bruns surtout a donné sur cette matière, en 1797, dans le recueil de M. Stæudlin, intitulé *Beytræge zur Philosophie und Geschichte der Religion und Sittenlehre*, un petit traité où l'on trouve rassemblées sous un seul point de vue toutes les connoissances qu'on pouvoit tirer des documens publiés jusqu'alors. « Si, » dit M. Bruns en commençant ce traité » abrégé, mais substantiel, il étoit vrai, comme » le suppose M. Hasse, conjecture dont je » doute cependant, que la secte des Samari- » tains soit aujourd'hui totalement anéantie, » il n'y auroit plus aucuns nouveaux rensei- » gnemens à attendre d'entretiens ou de cor- » respondances avec des hommes de cette » secte, et l'on pourroit regarder les actes de » cette enquête comme clos définitivement. Ils » n'en mériteroient que plus d'être examinés » soigneusement, afin que l'on pût se faire une » idée juste des opinions religieuses et autres » des Samaritains. »

Tel étoit l'état des connoissances qu'on avoit en Europe sur les Samaritains, lorsque M. le sénateur Grégoire, occupé à recueillir des renseignemens sur toutes les variations survenues pendant le siècle dernier dans les opinions religieuses des diverses communions chrétiennes, et des sectes juives et autres, fit passer dans le Levant quelques questions relatives aux Samaritains. Il désiroit obtenir des renseignemens sur l'état actuel des Samaritains, le nombre des individus qui professent cette secte, les lieux qu'ils habitent, leurs occupations, leur croyance, leurs synagogues, leurs usages, leurs mœurs, leurs liaisons, en supposant qu'ils en eussent, avec les Juifs karaïtes ou rabbanites, les livres dont ils font usage, leur degré d'instruction. Il recommandoit surtout de s'informer si les Samaritains de Naplouse offroient encore des sacrifices d'animaux sur le mont Garizim.

M. le comte de Champagny, alors ministre des relations extérieures, ayant adressé cette demande à plusieurs agens consulaires de France dans le Levant, et leur ayant recommandé de ne rien négliger pour y satisfaire, M. Grégoire ne tarda pas à recevoir des réponses de MM. Guys, vice-consul de France à Tripoli de Syrie; Corancez l'aîné, consul général de France à Alep, aujourd'hui consul général à Bagdad et correspondant de la troisième classe de l'Institut; et Pillavoine, vice-consul de France à Saint-Jean-d'Acre. Toutes ces lettres sont des mois de juin et juillet 1808.

La lettre de M. Guys, trop éloigné de la résidence des Samaritains, ne contient sur l'objet qui nous occupe, rien qui mérite d'être extrait.

Le peu de renseignemens qu'il donne, il les tient d'un rabbin des Juifs de Tripoli, et l'on n'y trouve rien de nouveau. Je n'en extrairai que ce passage : « Le rabbin de Tripoli assure que » Naplouse est la seule ville de la Palestine où » les Samaritains aient une synagogue et soient » soufferts. Il a fort loué le zèle peu charitable » avec lequel le *sarraf* juif qui accompagne le » pacha de Damas dans sa tournée annuelle en » Palestine, pour la levée des tributs, sait mé- » nager à ces hérétiques endurcis des avanies » plus pesantes que celles qui sont à la charge » des *raïa*, et particulièrement des Juifs. »

La réponse de M. Pillavoine est plus détaillée; mais pour peu qu'on connoisse la matière, on s'aperçoit, quoique le vice-consul ne le dise pas, qu'elle a été faite sur le rapport de quelque Juif, et par cette raison il faut bien se garder d'adopter légèrement les faits qu'elle contient. D'un autre côté, elle mérite d'être connue, parce qu'il est évident que celui qui a donné les renseignemens qu'elle renferme, connoissoit les Samaritains de Naplouse. Je vais en donner un extrait.

« Il n'y a de Juifs samaritains (1) qu'à Na- » plouse ; ceux de l'Egypte sont karaïtes, » comme il y en a en Crimée, à Constanti-

(1) Cette expression, *Juifs samaritains*, ne sauroit être admise. Voy. les Lettres de Huntington, pag. 50.

» nople, à Damas, à Jérusalem, et dans deux
» petits villages près de Bagdad (1).

» Les Juifs samaritains croient que ceux d'Angleterre sont de leur secte. Ils sont au plus soixante, hommes, femmes et enfans, restes d'une secte qui se détruit journellement par la misère. Les deux moins malheureux sont au service du chef du pays, emploi qui leur donne rigoureusement du pain. Les autres cherchent journellement à vivre d'industrie. Ils habitent les vieilles masures dans un mauvais quartier de Naplouse.

» Ils croient peu en Dieu. Le pupitre sur lequel ils placent l'Ecriture est surmonté d'une figure d'oiseau qu'ils appellent *achima*, mot particulier à cette secte (2). Lorsqu'ils invoquent l'Être suprême, ils ne disent pas, comme les autres Juifs, *Adonaï*; ils disent

(1) Je crois bien qu'il y a des Juifs karaïtes en Egypte, mais je doute fort que tous les Juifs égyptiens soient karaïtes.

(2) Il y a long-temps que cette calomnie a été réfutée, et qu'on a observé que les Samaritains, en lisant la Loi, au lieu de prononcer le nom ineffable ou *Tetragrammaton*, disent השם, *Haschem* (le nom). Ils ne sont pas plus coupables en cela que les Juifs, qui y substituent les mots *Adonaï* ou *Elohim*, et qui, ailleurs que dans la lecture des livres saints, disent aussi *Haschem*, au lieu du nom de Dieu.

» toujours *Achima*, ce qui fait croire qu'ils » adorent la Divinité sous le symbole de cet » oiseau, qui a la figure d'un pigeon, et qu'ils » croient être le principe de toutes choses, » peut-être même la Divinité.

» Leur seule synagogue est une très-petite » et très-sale chambre. Ils doivent, pour y » prier, être vêtus de blanc, et ne se mêler » avec aucun étranger. Ils prient cependant » vêtus comme ils le sont. Leur synagogue est » ouverte à tout le monde. On y voit rarement » des curieux; mais, en ce cas, on les place » séparément.

» Ils observent le Sabbat sans refuser l'occa- » sion de gagner. Ils égorgent eux-mêmes les » animaux qu'ils mangent. Ils ne touchent que » ce qui tient de leur secte. S'ils sont forcés, » par le travail, de toucher un étranger ou ses » hardes, ils doivent se laver le plus tôt pos- » sible pour se purifier. Ils ne se marient » qu'entre eux. Les morts, selon eux, sont » impurs; ils s'en éloignent, et font ensevelir » les leurs par des Chrétiens et des Turcs.

» Ils n'ont point de liaison avec personne, » et jamais avec les Karaïtes et les Rabbanites; » ils croiroient réciproquement se déshonorer » en se fréquentant. Ils vivent ordinairement » chez eux; le besoin les y oblige.

» L'Écriture est leur unique livre; il est

» écrit en caractères dont ci-joint une copie (1).
» Ils apprennent à leurs enfans à les connoître ;
» c'est leur seule éducation ; ils sont ignorans.
» Le très-petit nombre sait lire et écrire en
» arabe, seulement pour ce qui a rapport à un
» misérable trafic, ce qui se réduit à prendre
» des notes.

» A leurs pâques, ils vont annuellement,
» sur le mont Garizim, offrir un mouton en
» sacrifice. Il est rare qu'ils en égorgent da-
» vantage. Ils le feroient volontiers s'ils en
» avoient les facultés. Chaque famille autrefois,
» ou du moins les plus apparentes (et il s'en
» trouvoit plusieurs en état de faire cette dé-
» pense), immoloit un mouton ou un agneau.
» Aujourd'hui, et depuis environ vingt ans,
» ils se bornent à un sacrifice commun ».

A cette lettre est joint un *post-scriptum* qui, quoique étranger à notre sujet, est assez curieux pour mériter d'être transcrit ici.

« On pourroit peut-être avoir des notes
» plus étendues et plus sûres sur tout ce qui
» a rapport aux Juifs samaritains, en allant
» voir par soi-même ; mais, au Levant, on
» ne se présente jamais les mains vides : il fau-
» droit être généreux avec ces Juifs pour les
» rendre sincères et complaisans ; prévenir de

(1) Cette copie est extrêmement mauvaise ; on y compte trente-trois lettres au lieu de vingt-deux.

» ce voyage l'Arabe qui commande despotique-
» ment à Naplouse, quoique soumis, en appa-
» rence, au pacha de Damas, à qui il paye un
» tribut annuel, et dont il chasse les officiers
» qui veulent passer de force sur les terres de
» sa dépendance. Il faudroit lui demander une
» escorte nécessaire, la payer chèrement,
» loger chez lui, parce qu'il l'exigeroit, accepter
» un mauvais cheval qu'il diroit être du plus
» grand prix, et reconnoître tout cela par des
» présens et des générosités...... On ne réussi-
» roit pas autrement....... »

M. Pillavoine a oublié de dire qu'il faudroit, pour faire un pareil voyage avec succès, connoître bien tout ce que l'on sait déjà sur cette secte en Europe, posséder la langue hébraïque, savoir lire couramment l'Écriture samaritaine, enfin être au fait des principales questions qui divisent les Samaritains d'avec les Juifs. Malheureusement ce genre d'érudition est extrêmement rare aujourd'hui, et ce n'est pas dans le Levant qu'on peut acquérir les connoissances relatives à la littérature sacrée et aux antiquités hébraïques, quand on n'en a pas fait l'objet de ses études avant de quitter l'Europe. Qu'il nous soit permis de regretter qu'une étude aussi importante, puisqu'elle tient à l'histoire et à la religion, soit tombée dans un discrédit presque universel.

M. Corancez prit le vrai moyen de se procurer des renseignemens plus étendus et plus sûrs. Il fit passer une lettre et une série de questions aux Samaritains de Naplouse ; mais en attendant qu'il en eût reçu réponse, il crut devoir communiquer à M. Grégoire les notions qu'il avoit recueillies, quoiqu'il ne se dissimulât point que plusieurs de ces notions ne devoient être reçues qu'avec une extrême défiance. Telle est celle-ci, qui se trouve dans sa lettre du 4 juin 1808 : « Il est certain que les » Juifs samaritains qui existent encore à Na- » plouse y font des sacrifices d'animaux et » dans leur église et sur le mont *Haïbaal*, et » non sur le mont Garizim » ; et ce qu'on lit dans le Mémoire joint à la lettre du 27 du même mois : « Leur seul livre, la Bible, est » fort altéré ; sur dix mots, les autres Juifs » n'en trouvent pas cinq de la leur. » Cela n'empêche pas qu'on ne trouve dans ce Mémoire des faits curieux qui méritent d'être recueillis. En voici l'extrait.

« Naplouse (1) est, en Orient, la seule ville » où il existe encore des Samaritains. Il y en a

(1) Le morceau publié dans le *Moniteur* du 6 juillet 1811 contient tout ce que nous donnons ici avec quelques autres détails ; mais ce qu'il est essentiel d'observer, c'est qu'on y convient que ces renseignemens sur les Samaritains ont été fournis au consul par plusieurs Juifs qui ont long-

» douze à quinze familles, soixante à quatre-» vingts individus. Ils portent le bonnet rouge » et le schall blanc qui, par distinction de leur » secte, est séparé sur le devant de la tête, où » ils laissent voir une place rouge.

» Les Turcs de Naplouse, qui sont peu » puissans, laissent les Samaritains en repos. » Djezzar avoit voulu les avaniser; ils lui » échappèrent en se disant Juifs.

» Comme les Karaïtes, ils suivent au pied » de la lettre ce qu'ils ont conservé de la loi de » Moïse. Leur seul livre, la Bible, est fort » altéré; sur dix mots, les autres Juifs n'en » retrouvent pas cinq de la leur. Ils ont un » chef ou grand-prêtre (*khacan*); il porte les » cheveux longs, au contraire des autres Sa-» maritains qui ont la tête nue.

» Les Samaritains occupent à Naplouse un » quartier particulier qui a pris leur nom. Ce » quartier est un *khan* assez vaste, composé

temps habité parmi eux à Naplouse. L'auteur assure n'avoir pris de leurs rapports que les points sur lesquels ils se sont accordés, et il en conclut que ces rapports sont exacts. Il reconnoît néanmoins qu'on doit se défier de leur exactitude relativement à l'accusation d'idolâtrie. Cette restriction est très-juste; mais ce n'est pas le seul point sur lequel on doive se défier de ces rapports, comme tous les gens instruits le sentiront sans peine.

On peut consulter à ce sujet ma lettre au rédacteur du *Moniteur*, insérée dans le n° du 31 août 1811.

» de dix à douze maisons, communiquant les » unes aux autres. Dans une d'elles, au pre- » mier étage, est la synagogue, composée de » deux ou trois chambres ; dans la plus » grande est une estrade sur laquelle est placée » leur Bible. Cette Bible est cachée par un » rideau que le khacan a seul le droit de lever. » Il la présente aux fidèles, qui se lèvent. Sur » cette Bible est l'image sculptée d'une tour- » terelle ; de là le préjugé que les Samaritains » adorent une tourterelle.

» Les Samaritains laissent entrer les Juifs » dans cette chambre. Vis-à-vis est une autre » chambre soigneusement fermée, et où ils » n'admettent aucun homme étranger à leur » secte. On suppose qu'ils pratiquent dans » cette chambre quelques cérémonies qui sont » taxées d'idolâtrie.

» Le premier jour de Pâques, les Samari- » tains célèbrent à minuit la fête du sacrifice. » Le khacan égorge avec un couteau un mou- » ton conduit dans la synagogue. On y allume » du feu dans un endroit préparé pour cela. » La victime toute entière, et avec sa toison, » est embrochée avec une perche, et mise sur » les charbons ; on la recouvre de bois allumé ; » elle est ensuite partagée entre les assistans, » qui la mangent dans l'église.

» Aux deux extrémités de Naplouse sont les

» deux montagnes de *Haïbaal* (1) et de *Ga-*
» *rizim.* Sur la première est le sépulcre d'un
» saint très-honoré des Samaritains. C'est là
» que tous les ans ils font, dans la fête de
» Pâques, et après le sacrifice qui a toujours
» lieu dans la synagogue, le sacrifice d'un
» agneau. Ce dernier se fait en plein jour; il
» s'y mêle des cérémonies particulières. On
» croit qu'elles ont pour but l'adoration du
» saint sur le tombeau duquel se consomme le
» sacrifice.

» Tous les Samaritains se vêtissent dans la
» synagogue, d'une chemise blanche qui couvre
» leurs habits. Il y a dans l'église un lieu séparé
» pour les impurs. Ce sont ceux qui ont tou-
» ché un mort, les femmes dans leur temps
» critique, les hommes qui les ont approchées
» à cette époque.

» Les femmes, dès que l'incommodité pério-
» dique qui afflige leur sexe s'est déclarée, sont
» séparées de la société, et reléguées dans un
» lieu particulier de la maison. Au bout de sept
» jours elles se purifient dans une eau courante.
» Les hommes impurs s'y purifient également,
» mais au bout de vingt-quatre heures.

» Les Samaritains, comme les Juifs de l'O-
» rient, ne mangent que la chair des animaux
» égorgés par l'un d'eux, et avec certaines for-

(1) Il falloit dire *Ebal.*

» malités. Ils restent ainsi séparés des Turcs, » des Juifs, des Chrétiens. Ils ne se marient » qu'entre eux, ils ne s'allient pas même avec » les Juifs.

» Ils sont peu fortunés et sans considéra- » tion : plusieurs tiennent boutique et vivent » d'un petit commerce. Il y a aussi parmi eux » quelques *sarraf* (changeurs), particulière- » ment le *sarraf-elbeled*, changeur du gouver- » neur.

» Leur langue est l'arabe et un hébreu cor- » rompu. »

La lettre et le mémoire adressés par M. Corancez aux Samaritains de Naplouse, ne demeurèrent point long-temps sans réponse. Ils est malheureux qu'on n'ait pas conservé un double du mémoire rédigé par M. Corancez; il auroit pu jeter du jour sur quelques-unes des réponses aux questions qu'il contenoit. M. Corancez n'en a point gardé de copie, ainsi que je l'ai appris de lui-même, et il ne s'en est point trouvé dans les archives du consulat général d'Alep, où je l'ai fait chercher. Ce mémoire avoit sans doute été composé d'abord en français, et traduit en arabe, et l'obscurité de quelques-unes des réponses donne lieu de penser qu'il s'étoit glissé plusieurs fautes dans la rédaction des questions en arabe.

Quoi qu'il en soit, la réponse parvint à

Alep le 2 octobre 1808. Elle étoit écrite en arabe, et datée *du* 15 *juillet de l'année* 1808 *de Jésus-Christ*, 6246 *d'Adam*, 3246 *de la sortie d'Egypte, le mardi* 3 *de djoumadi* 1223. Le calcul prouve qu'il s'agit de *djoumadi second*. L'auteur de cette lettre se nomme *Salamèh, fils de Tobie*, et il a écrit au commencement de la lettre son nom et ses qualités en hébreu et en caractères samaritains, en avertissant que c'étoit là un modèle de la véritable écriture hébraïque. On y lit ceci:

אני שלמה בן טביה הכהן הלוי בשכם אודה את יהוה אמן

Moi Salamèh, fils de Tobie, prêtre lévite à Sichem, je loue le Seigneur.

Une copie de la lettre arabe de Salamèh fut envoyée d'Alep avec une traduction française. Le tout me fut communiqué par M. Grégoire. Je réformai la traduction, qui étoit souvent inexacte, parce que le traducteur, assez familiarisé avec la langue arabe, étoit trop étranger aux matières qui faisoient le sujet de la lettre. La copie du texte arabe se ressentoit aussi du même défaut, et quelques fautes qui s'y étoient glissées, rendoient un petit nombre d'endroits inintelligibles. M. Corancez ayant à cette époque quitté le consulat général d'Alep, et M. Rousseau, fils du consul général de Bagdad, et correspondant de la troisième classe de l'Institut, lui ayant succédé, je lui écrivis pour obtenir de lui une autre copie de la lettre arabe dont l'original étoit resté dans les archives du consulat. J'en ai reçu effectivement une nouvelle copie, à l'aide de laquelle les difficultés de la première ont disparu ; mais celui qui a fait cette copie paroît avoir pris, en la faisant, beaucoup de libertés, en sorte qu'il y a quelques passages dont la vraie leçon est encore fort incertaine.

Les deux copies de la lettre arabe et la traduction ayant été communiquées à M. Schnurrer, chancelier de l'université de Tubingue, et correspondant de la troisième classe de l'Institut, ce savant, à qui la littérature samaritaine a de grandes obligations, a donné une traduction allemande de ces pièces dans le premier tome du recueil intitulé *Mines de l'Orient.*

Avant que la seconde copie de la lettre arabe du prêtre Salamèh me fût parvenue d'Alep, j'avois, à la prière de M. Grégoire, dressé le projet d'une lettre et d'un nouveau mémoire pour les faire passer à ce prêtre. Le tout fut traduit en arabe sous ma direction par M. Michel Sabbagh, Syrien réfugié, attaché à l'école spéciale des langues orientales vivantes, établie près la Bibliothèque Impériale. J'y ajoutai tous les mots ou textes hébreux et samaritains en caractères samaritains, et j'en fis faire trois copies que j'adressai successivement à Alep, d'où elles furent envoyées par M. Rousseau à Naplouse. Je dois avouer que les caractères samaritains que j'avois tracés ont dû paroître fort barbares au prêtre Salamèh, parce que j'avois imité les formes consacrées dans notre typographie orientale par les Polyglottes de Paris et de Londres, formes qui diffèrent beaucoup de celles dont les Samaritains font usage. Quelques-unes des questions comprises dans mon mémoire n'étoient fondées que sur des fautes de la première copie, la seule que j'eusse alors sous les yeux, de la lettre arabe de Salamèh. Ces deux causes ont eu quelque influence sur la réponse de Salamèh.

Cette réponse ne se fit pas attendre longtemps. Elle me fut envoyée d'Alep en original et sans traduction, vers le milieu de 1811. Elle consiste en un long mémoire écrit en hébreu corrompu, et en lettres samaritaines, auquel est jointe une lettre écrite en arabe. J'ai traduit le tout en français, et excepté deux ou trois mots dont le sens me paroît incertain, on peut s'en rapporter à cette traduction. Si, comme je le pense, je me détermine à donner quelque suite à cette correspondance, il faudra prendre le parti d'écrire tout ce que l'on adressera à Naplouse, en arabe et en hébreu, en employant pour cette dernière langue les caractères samaritains. C'est le moyen d'inspirer plus de confiance aux Samaritains, et d'en obtenir des réponses plus satisfaisantes, autant qu'on peut en attendre d'hommes grossiers et étrangers à toute instruction. Peut-être aussi parviendroit-on alors à obtenir d'eux quelques livres qu'ils ne veulent communiquer qu'à leurs frères. Le succès de la correspondance établie par Huntington fut dû à ce que les Samaritains, voyant que ce savant lisoit l'hébreu écrit dans leurs caractères, ne doutèrent point qu'il ne les eût mis en correspondance avec d'autres Samaritains établis en Angleterre, et que les réponses ambiguës qu'ils reçurent les entretinrent dans cette idée.

Je me propose de publier en entier, avec ma traduction et des notes, la correspondance de Salamèh; mais, pour le moment, je me contenterai d'en donner ici la substance, en présentant sous diverses divisions les résultats qu'elle m'a offerts.

De Dieu, du culte qui lui est dû, et de l'horreur pour tout autre culte.

Les Samaritains tiennent ici, relativement à Dieu et au culte qui lui est dû, et qui n'est dû qu'à lui seul, le même langage qu'ils ont toujours tenu dans leurs correspondances avec

J. Scaliger, Huntington et Ludolf. Ils protestent de leur attachement au précepte de la loi qui défend de rendre à aucune créature le culte qui n'est dû qu'à Dieu seul. Ils rappellent les principaux textes de la loi où le dogme de l'unité de Dieu est exprimé de la manière la plus formelle, et où tout autre culte est proscrit comme criminel et attentatoire au respect dû à sa divinité. Ils rejettent bien loin l'imputation offensante qui leur est faite de rendre un culte quelconque, dans un lieu particulier, à la figure d'une colombe, ou à toute autre figure d'oiseau ou d'autres animaux. Ils ne comprennent même point comment on pourroit supposer qu'ils osassent se rendre coupables d'une aussi criminelle infraction de la loi divine.

Reland, dans sa Dissertation *De monte Garizim*, a recherché avec beaucoup de soin ce qui a pu donner lieu à l'imputation faite aux Samaritains, de rendre un culte idolâtre à la figure d'une colombe ; et ce qu'il a dit à cet égard, porte avec soi un grand caractère de vraisemblance.

Schültz, qui voyageoit en Palestine en 1754, rapporte, dans l'ouvrage intitulé *Leitungen des Hoechsten nach seinem Rathe*, tom. v, p. 133, qu'étant à Ptolémaïde ou Saint-Jean-d'Acre, madame Usgate, juive d'origine, épouse du consul anglais chez lequel il logeoit, et une autre personne, lui racontèrent que les Samaritains lisoient publiquement dans la synagogue les cinq livres de Moïse, sans pouvoir dire si ces livres étoient écrits en langue hébraïque ou samaritaine; et qu'au lieu que les Juifs ont coutume d'attacher des couronnes d'or ou d'argent à la partie supérieure des bâtons ou rouleaux de bois sur lesquels se roulent et se déroulent les livres de la loi dont ils font usage dans leurs synagogues, les Samaritains y plaçoient des colombes d'argent. Suivant les renseignemens contenus dans la lettre de M. Corancez, dans la synagogue des Samaritains, la Bible (il falloit dire *la Loi*) est placée sur une estrade, et cachée par un rideau que le khacan seul a le droit d'ouvrir. Il la présente aux fidèles, qui se lèvent. Sur ce livre est l'image sculptée d'une tourterelle. De là le préjugé que les Samaritains adorent une tourterelle.

Ces divers rapports, quoique peu uniformes et fondés sur de simples ouï-dire, donnèrent lieu à une question que je compris dans le mémoire que j'envoyai à Naplouse. J'eus soin de la rédiger de manière à ne point choquer l'amour-propre des Samaritains. Je la transcrirai ici en entier.

« Ce que vous dites que vous ne reconnoissez qu'un seul Dieu créateur du ciel et » de la terre, qui vous a donné sa loi par le

» ministère du prophète Moïse, fils d'Am-
» ram, est entièrement conforme à l'opinion
» que nous avions de vous ; et comment, en
» effet, pourriez-vous adorer quelque créature,
» tandis que vous reconnoissez que Dieu lui-
» même a dit : *Je suis le seigneur ton Dieu*,
» *tu n'auras point d'autre dieu devant moi : tu*
» *ne te feras point de statue ni d'image d'au-*
» *cun des êtres qui sont dans le ciel, sur la*
» *terre et dans les eaux, pour l'adorer?*

» Nous savions bien, nos très-chers frères,
» que vous n'adoriez point la figure d'une co-
» lombe ; un tel crime est très-loin de vous :
» mais quelques habitans du pays où vous de-
» meurez, et quelques voyageurs qui sont allés
» du pays des Francs dans la terre que vous
» habitez, nous ont assuré que vous avez dans
» votre synagogue un lieu sacré où vous gar-
» dez le livre de la loi ; que ce livre sacré est
» couvert d'un rideau ; que quand vous êtes
» assemblés, le prêtre lève le rideau et montre
» le livre à l'assemblée ; qu'en ce moment tous
» ceux qui sont présens se lèvent et adorent le
» saint livre. Ils ajoutent que sur la couver-
» ture extérieure du livre de la loi, ou à l'ex-
» trémité du rouleau sur lequel il se roule,
» est gravée ou sculptée la figure d'une colombe.
» Des gens grossiers et méchans, voyant que
» vous vous prosternez devant la sainte loi de

» Dieu, ont cru ou ont dit méchamment que » vous adoriez l'image de cette colombe. Nous » savons bien, mes frères, que vous n'adorez » que Dieu ; mais nous vous prions de nous » dire si ce qu'on nous a raconté est vrai, » et si effectivement il y a une figure de co- » lombe sculptée sur votre saint livre. Nous » vous le répétons, nos chers frères, nous » sommes bien éloignés de croire que vous » adoriez la figure d'une colombe ou d'un » autre animal. Dites-nous donc sans crainte » si la figure d'une colombe se trouve comme » ornement, soit dans votre synagogue, soit » sur le livre de la loi. »

Voici la réponse que le prêtre Salamèh a faite à cette question, dont il a bien saisi le sens : « Quant à ce que vous nous dites que nous » avons fait sur le lieu du voile qui couvre le » livre saint (je traduis littéralement), la fi- » gure d'une colombe, c'est là, mon frère, » une chose que nous ne faisons point, parce » que Dieu a dit : *Vous ne les construirez point* » *de pierres taillées.* » Ce texte, tiré de l'Exode, ch. 20, v. 25, semble avoir peu de rapport avec l'objet dont il s'agit : sans doute l'auteur de la réponse assimile l'armoire ou le lieu dans lequel est renfermée la loi, et qui est élevé sur une estrade, à l'autel sur lequel on offroit des sacrifices, et qu'il étoit défendu de construire

en *pierres taillées*. Et il est bon d'observer qu'il ne pouvoit point motiver l'éloignement de sa nation pour l'espèce d'ornement que l'on supposoit placé d'une manière quelconque sur le livre de la loi, par les textes où il est défendu de faire des idoles ou des figures *pour les adorer*, parce que la question même repoussoit toute idée de culte et d'adoration. Il a donc voulu dire : Dieu nous ayant interdit de tailler les pierres qui doivent servir à construire ses autels, à plus forte raison ne devons-nous admettre aucune figure ou simulacre dans le lieu destiné à son culte, et où repose le livre de la loi. Non content de cela, il ajoute : « Dieu a dit en-
« core : *Vous n'introduirez point d'abomination*
» *dans votre maison*. Comment donc, Dieu ayant
» dit cela, ferions-nous ce que vous dites ? »

C'est ici le lieu de faire mention d'une autre accusation d'idolâtrie intentée aux Samaritains, par un critique qui a cru avoir trouvé, dans un manuscrit samaritain, la preuve que cette secte offroit un culte au soleil. Toute l'érudition accumulée par cet écrivain à l'appui de cette assertion, est bien en pure perte ; car le fondement de cette opinion nouvelle n'est autre qu'une méprise de l'auteur, M. Lobstein, qui, ayant trouvé à la fin de la Genèse, dans un manuscrit du Pentateuque samaritain, une note dans laquelle le propriétaire de ce volume avoit marqué de quelle manière il en avoit acquis la possession, a traduit ainsi les derniers mots de cette note : *Zadok filius Chalephi filii Thamaris sacerdotis solis : scriptum Abisæ filii Pinehas in congregatione terræ ÆEgypti nunc doctoris ;* tandis qu'il auroit dû traduire en cette manière : *Scripta manu Sadakæ filii Chalefi, filii Tamaris sacerdotis, ministri scribæ Abisæ filii Phineæ, in synagogâ terræ ÆEgypti, tempore suprà dicto.* On peut entendre ceci tout simplement en ce sens, que le prêtre Sadaka, qui a fait cette copie du Pentateuque, étoit attaché à un scribe d'un rang plus distingué, nommé Abischa, fils de Phinéès; mais je crois que ce n'est pas là le vrai sens. Les Samaritains de Naplouse se sont vantés, tant dans leurs lettres que dans leurs conférences avec Huntington, de posséder un exemplaire de la Loi écrit de la main d'Abischa, fils de Phinéès, fils d'Éléazar, fils d'Aaron ; il est donc assez naturel que ceux qui s'occupent à transcrire la Loi se regardent comme les ministres ou les disciples d'Abischa, fils de Phinéès. Peut-être au lieu de *ministri scribæ Abisæ*, vaudroit-il mieux traduire *ministri scholæ Abisæ;* la forme du mot מכתב *mactab*, semble plus favorable à cette interprétation.

J'ai déjà relevé cette méprise de M. Lobstein dans le tome XLIX *des Mémoires de l'Académie des Inscriptions et Belles-Lettres.*

Des sacrifices.

Les Samaritains, en reconnoissant l'obligation imposée par la Loi aux enfans d'Israël d'offrir des animaux en sacrifices, disent que cette partie du culte a cessé depuis que le temps de grâce et le tabernacle ont disparu. Ils ajoutent que leurs pontifes, les prêtres de la famille d'Aaron, ont substitué à l'oblation des sacrifices la récitation de certaines prières qu'ils ont composées pour qu'elles servent aux fidèles à honorer Dieu, à lui rendre l'hommage de leur crainte respectueuse, à solliciter son indulgence et le pardon de leurs fautes.

Le sacrifice pascal seul subsiste avec tous ses rites; il ne peut être offert légitimement que sur le mont Garizim; mais depuis vingt-cinq ans environ, les Samaritains, ne pouvant plus monter sur cette montagne, l'offrent dans l'intérieur de la ville, *parce qu'elle est réputée faire partie du lieu saint.* Ils observent de se tourner, en immolant la victime, du côté du mont Garizim. Ils se tournent aussi vers le mont Garizim quand ils font leurs prières, « parce que c'est pour eux, disent-ils, la mai- » son du Dieu puissant, le tabernacle de ses » anges, le lieu de la présence de sa majesté, » la place destinée aux sacrifices, ainsi qu'il est » dit dans la Loi. » Ils assurent qu'il ne leur est pas permis de se prosterner et de tourner le visage vers aucun autre lieu.

On avoit demandé si l'agneau pascal ne devoit pas être pris dans une espèce ou variété particulière de moutons ou de chèvres, à l'exclusion des autres, et quelles sont les herbes potagères amères qu'on mange avec l'agneau pascal. Salamèh ne répond rien à la première question; quant à la seconde, il se contente de dire que les Samaritains mangent la victime avec des pains azymes et des herbes amères.

On avoit aussi désiré savoir en quoi consiste l'obstacle qui empêche aujourd'hui les Samaritains de monter sur le mont Garizim, pour y offrir la pâque; si c'est, par exemple, une contribution pécuniaire exigée d'eux par les Turcs pour obtenir la permission d'y monter. La réponse à cette question est conçue ainsi: « Vous désirez que nous vous informions » de la tyrannie que les nations exercent sur » nous: sachez qu'elles usent de violence envers » nous, qu'elles nous empêchent de monter » sur le mont Garizim, qu'elles exigent de » nous des contributions. Nous sommes mal» heureux et pauvres; nous pleurons sur les » siècles passés, sur le tabernacle et sur son » exaltation. »

Salamèh nie absolument le fait rapporté dans la lettre de M. Corancez, relatif au sacrifice d'un agneau, différent du sacrifice pascal, mais qui se fait, dit-on, à la fête de Pâques sur le mont Ébal, auprès du sépulcre d'un saint que les Samaritains ont en grande vénération, et pour honorer la mémoire de ce serviteur de Dieu.

Il y a toute apparence que cette imputation est une calomnie inventée par quelques Juifs. Je ne pense pas qu'il soit jamais venu dans l'esprit d'aucun Juif ou Samaritain d'immoler des victimes en l'honneur d'un saint; et d'ailleurs le mont Ébal étant pour les Samaritains la montagne des malédictions, ils doivent être bien éloignés de choisir ce lieu pour l'exercice d'aucun acte de religion.

De la Loi.

Salamèh nous assure, ce que nous savions parfaitement, que les Samaritains possèdent la Loi écrite en langue hébraïque, et qu'elle ne diffère de celle des Juifs que par le caractère d'écriture, parce que les Samaritains ont conservé l'ancien caractère; ce qui a été même reconnu par des *khacans* juifs venus de Jérusalem, et qui ont examiné leurs livres. Salamèh connoît la version en dialecte samaritain, dont on lui avoit transcrit deux ou trois lignes du commencement de la Genèse et de l'Exode. L'ambiguïté de quelques mots dans sa réponse fait douter s'il dit que cette version a été donnée de Dieu, ou a pour auteur un Samaritain nommé *Nathanaël* (*Deus dedit*). Ce second sens est le plus vraisemblable. Il sait que les Samaritains ont eu dans les siècles passés des savans qui ont interprété et commenté la Loi; mais il ne donne aucun des détails qu'on lui avoit demandés sur les noms de ces commentateurs, l'âge où ils ont vécu, et les titres de leurs ouvrages. Vraisemblablement nous en savons là-dessus plus que lui. Il assure que les Samaritains conservent encore l'usage de la langue hébraïque, mais ne la parlent point en présence des nations. Ils enseignent la Loi à leurs enfans en cette langue, et ils ne la possèdent, dit-il, en aucune autre langue. Ceci ne doit pas, sans doute, être pris à la lettre, puisque Salamèh reconnoît lui-même l'existence de la version en dialecte samaritain, et que, vraisemblablement, les Samaritains conservent aussi la version arabe faite à leur usage, et que j'ai fait connoître dans un grand détail. Salamèh répète ce que les Samaritains n'ont cessé de dire (quoique Huntington les ait fort embarrassés quand il a voulu vérifier le fait), qu'ils possèdent un exemplaire de la Loi écrit de la main d'Abischa, fils de Phinées, fils d'Eléazar, fils d'Aaron.

On avoit désiré savoir comment les Samaritains prononcent la langue hébraïque, et pour cela on avoit représenté en caractères arabes, autant qu'il est possible de le faire, la prononciation rabbinique des divers noms de Dieu et des premiers versets de la Genèse, priant Salamèh de représenter de même la prononciation usitée parmi sa nation, en caractères arabes. Il ne répond pas à cela d'une manière satisfaisante, et se contente de répéter les divers noms de Dieu, en disant: « Sachez » que ces noms sont *Jehova, Elohim, El,* » *Schaddaï, Je suis celui qui est, Adonaï.* La » chose est, à cet égard, parmi nous, comme » vous l'avez dite. Vous nous priez de vous écrire » quelques lignes de la Loi; sachez que notre » livre est écrit comme la présente lettre que » vous avez sous les yeux. » Malgré le vague de cette réponse, elle pourroit porter à penser que les Samaritains prononcent l'hébreu comme les Juifs, si Salamèh ne disoit précisément dans sa première lettre : « Notre prononciation est » différente de celle des Juifs, mais la Loi est » la même depuis le commencement jusqu'à » la fin. » Au surplus, tout le système grammatical des Juifs pourroit être commun aux Samaritains, et que cependant ces derniers prononçassent différemment les lettres, surtout les gutturales, et les voyelles, comme la prononciation du grec et du latin n'est pas la même partout, quoique partout on écrive ces langues de la même manière ; et pour donner un exemple encore plus analogue à la matière dont il s'agit, comme la prononciation de l'hébreu est différente chez les Juifs allemands et les Juifs espagnols, italiens et orientaux. C'est donc encore une question indécise, et qui ne pourra être résolue que quand un savant bien au fait de la prononciation des Juifs, aura été à portée d'entendre prononcer un Samaritain.

On avoit engagé les Samaritains à envoyer en Europe un manuscrit du texte de la loi, de la version arabe dont on supposoit qu'ils font usage, et de leurs prières et liturgies. On leur avoit marqué que le consul de France à Alep payeroit le prix des deux derniers objets, et reconnoîtroit le don du texte de la loi par un présent, parce qu'on savoit bien que ce saint livre étoit trop respectable pour être vendu. Ils ne répondent positivement qu'à cette dernière demande : « Vous demandez, » disent-ils, que nous vous envoyions un exemplaire du livre de la loi sainte ; nous ne le » ferons point, à moins que vous ne soyez » comme nous, du nombre de ceux qui ob- » servent cette loi (c'est-à-dire *Samaritains*), » et qui en gardent les ordonnances. » On voit que Salamèh fait ici allusion à la manière d'interpréter le nom de *Samaritains*, שמרים,

schomerim, par *gardiens*. Ces sectaires sont très-délicats sur cette qualité de Samaritains qu'ils exigent de ceux qui veulent avoir quelque union avec eux. Car comme, en leur demandant à connoître la manière dont ils prononcent l'hébreu, on avoit dit : « Prononcez-vous » comme nous venons de vous dire que nous le » faisons, ou bien votre prononciation est-elle » différente de la nôtre ? Instruisez-nous, parce » que vous savez cela mieux que nous, afin » que nous vous imitions, et que notre ma- » nière de lire soit une comme nos cœurs » sont un ; » ils répondent : « Quant à ce que » vous ajoutez, en disant, *comme nos cœurs* » *et vos cœurs ne sont qu'un*, sachez, mon » frère, qu'un tel discours ne peut être tenu » que par une personne qui observe notre » Loi, et qui ait la même croyance que nous. »

Des anges, de la résurrection, des récompenses et des peines éternelles.

Beaucoup de savans ont cru que les Samaritains n'admettoient point l'existence des anges. Lorsqu'on a connu leurs versions du Pentateuque, et quelques autres livres composés par eux et à leur usage, on y a trouvé des mentions si fréquentes des anges, qu'on a généralement changé d'opinion à cet égard. Cependant le savant Had. Reland a cru trouver, dans un examen plus approfondi du sens qu'ils donnent au mot *ange*, auquel ils substituent quelquefois d'autres expressions, telles que *l'instrument du Créateur*, *le commandement de Dieu*, la preuve qu'ils ne considèrent point les anges comme des essences, mais comme les attributs de la Divinité, la puissance ou la volonté de Dieu, une certaine *force*, *δύναμις*, ou *vertu* divine qui n'est point différente de Dieu même. Il croit que les Sadducéens, qui nioient l'existence des anges, entendoient de cette même manière tous les passages de l'Écriture où certaines actions sont attribuées aux anges. Reland croit aussi que les Samaritains désignent le Messie sous le nom du *Grand-Ange*, c'est-à-dire, de la grande vertu de Dieu.

Cela a donné lieu à une question qui étoit conçue en ces termes : « Que dites-vous des » anges dont il est parlé dans la loi ? Faites- » vous une distinction entre les anges et les » génies, et croyez-vous qu'il y ait entre les » anges des bons et des mauvais, et de même » de bons et de mauvais génies ? N'y a-t-il pas un » ange que vous désigniez sous le nom de *Grand-* » *Ange* ? » Salamèh répond à cela en deux mots : « Nous croyons aux saints anges qui sont dans » le ciel. » Il est impossible de décider si c'est par ignorance ou dans l'intention de ne point s'expliquer plus clairement, qu'il n'est entré

4.

dans aucun des détails qu'on lui demandoit.

Il répond d'une manière un peu plus satisfaisante à ce qui regarde la résurrection des corps. Les Samaritains ont été accusés de la nier. Hottinger et Reland ont soutenu, avec beaucoup de vraisemblance, qu'ils admettent ce dogme. Pour avoir cependant une certitude plus entière de la manière dont ils se représentent l'état des hommes après la mort, ainsi que les récompenses et les peines qu'ils reconnoissent devoir être le fruit des bonnes ou des mauvaises actions, on leur avoit proposé la question suivante.

« Les Juifs, les Chrétiens et les Musulmans
» croient que les morts ressusciteront un jour,
» que les âmes se réuniront aux corps qu'elles
» ont animés en ce monde, et qu'alors les
» hommes comparoîtront devant Dieu; que
» Dieu les jugera; qu'il fera entrer ceux qui au-
» ront fait de bonnes œuvres dans le paradis,
» où ils demeureront éternellement, et jettera
» les méchans dans les enfers, où ils souffriront
» des peines éternelles. Parmi les sages et les
» philosophes anciens, il y en a qui ont cru
» que les morts ne ressusciteroient point; d'au-
» tres ont pensé que les tourmens de l'enfer
» ne dureront point éternellement. Quelle est
» à cet égard la croyance de vos pères et la
» vôtre? »

La réponse de Salamèh est conçue en ces termes : « Quant à ce que vous nous dites au » sujet des morts, qu'ils ressusciteront au jour » de la vengeance, nous reconnoissons la vé- » rité de cela, ainsi qu'il est écrit : *Leurs ha-* » *bits ne s'useront pas, et leur odeur sera comme* » *celle de la myrrhe excellente.* » (J'observe en passant que j'ignore d'où est tiré le passage allégué ici par Salamèh. Il n'est certainement point pris des livres de Moïse ; les formes grammaticales des mots ne sont pas même de pur hébreu. Je conjecture qu'il est tiré de quelqu'une des prières qui composent la liturgie des Samaritains.) « Quant à ceux qui auront » fait le mal, il arrivera pour eux un temps » où Jehova dira : *Voyez maintenant que c'est* » *moi qui suis Dieu, et qu'il n'y a point d'autre* » *Dieu avec moi : je donne la mort et la vie;* » *je frappe et je guéris, et il n'y a personne qui* » *puisse délivrer de ma main.* Nous serons heu- » reux au temps dont il est écrit : *Car Jehova* » *jugera son peuple, et il se repentira à l'égard* » *de ses serviteurs ;* et au temps dont il est dit, » *Il expiera la terre de son peuple.* »

Les textes cités ici par Salamèh sont tirés du dernier cantique de Moïse. S'il les applique à la résurrection, aux récompenses et aux peines qui doivent suivre le jugement dernier, ce ne peut être que par une sorte d'*accommodation*;

le Messie, et s'exprime ainsi. « Quant à ce que » vous nous dites du prophète dont Jehova » a parlé par le ministère de Moïse, sachez » que nous avons certains prodiges par les» quels nous le reconnoîtrons lorsqu'il se mani» festera. Nous connoissons son nom, confor» mément à ce que disent les rabbins. » Le sens des derniers mots paroît être que le nom de *Messie* משיח, est connu des Samaritains. C'est ce qu'on savoit déjà ; mais les Samaritains ne s'expliquent point volontiers sur ce point : ils ne le font guère que d'une manière énigmatique, comme on peut le voir par un passage d'une de leurs lettres à leurs frères d'Angleterre, où ils indiquent seulement ce nom par sa première lettre מ. Il n'est pas étonnant, au surplus, qu'ils aient de l'éloignement pour une dénomination qu'ils ne peuvent tenir que des Juifs, puisqu'elle n'a aucun fondement dans le Pentateuque.

Des prêtres ou ministres du culte.

Les Samaritains se sont vantés long-temps d'avoir à la tête de leur culte un descendant de la famille d'Aaron. Aujourd'hui ils conviennent que la race d'Aaron est éteinte parmi eux depuis cent cinquante ans, et que le pontificat n'est plus exercé que par un simple descendant de Lévi. Ils reconnoissent tous les droits attribués par la Loi au souverain pontife, qu'ils nomment en hébreu הכהן הגדול *haccohen haggadol*, le grand-prêtre, et en arabe, *alréïs aldjélil*, le supérieur illustre.

Salamèh, à qui nous devons la correspondance dont nous donnons ici un extrait, est aujourd'hui revêtu de cette dignité, et prend la qualité de *prêtre lévite*.

Des mariages, de la polygamie, du divorce, du lévirat.

On avoit proposé diverses questions aux Samaritains sur les mariages, la polygamie et le divorce.

Le résultat de leurs réponses est qu'ils s'abstiennent soigneusement de contracter aucuns mariages dans les degrés prohibés par la Loi; mais ils n'en désignent aucun en particulier. Ils rejettent toute union conjugale avec les Juifs; ils pratiquent le divorce conformément à la Loi; mais leur réponse ne spécifie nullement les causes légitimes de la répudiation, parce qu'ils se contentent de les exprimer par les termes mêmes employés dans le Deutéronome, *invenit in eâ turpitudinem rei*, et sur le sens desquels les interprètes ne sont point d'accord.

La réponse concernant la polygamie est fort obscure. On croyoit pouvoir conclure de leurs précédentes lettres qu'ils s'interdisoient absolument la polygamie. Si j'ai bien saisi le sens de la réponse de Salamèh, un Samaritain peut d'abord épouser deux femmes, et les conserver concurremment, aussi long-temps qu'elles vivent; mais si l'une des deux vient à mourir, il ne peut pas la remplacer. S'il les perd toutes deux, il peut se remarier autant de fois qu'il devient veuf; mais il ne lui est plus permis d'avoir plus d'une femme à la fois.

Quant à la loi du lévirat, qui ordonne à un homme d'épouser la veuve de son frère mort sans enfans, la réponse de Salamèh est fort remarquable, en ce qu'il prétend, sans doute conformément à l'interprétation de cette loi, reçue par les Samaritains, que le mot *frère* n'indique point ici un degré de parenté, mais est pris dans un sens métaphorique, et signifie un homme uni par la même croyance et la même religion, un *coreligionnaire*, si l'on me permet de me servir de ce mot.

Des caractères qui distinguent les Samaritains d'avec les Juifs.

Je serois trop long si je voulois entrer dans le détail de tout ce que contiennent les deux réponses des Samaritains aux demandes de M. Grégoire et aux miennes. Je passe donc sous silence ce qui est d'une moindre importance ou qui n'offre aucun nouvel éclaircissement, comme ce qui concerne la célébration du sabbat et des fêtes, la circoncision, les impuretés légales, les טטפות, *totafot* ou phylactères, les ציציות, *sisiot* ou franges, l'eau lustrale préparée avec la cendre d'une vache rousse, l'éducation des enfans, les successions, les impositions que les Samaritains payent, les professions qu'ils exercent ; et je viens aux caractères qui distinguent les Samaritains d'avec les Juifs. Voici à quoi Salamèh réduit ces différences.

Les Samaritains ont leurs synagogues et leurs maisons dont l'usage et l'habitation sont réservés pour eux seuls. Ils ne partagent leurs cimetières avec aucune autre secte ; ils ne mangent point avec les Juifs, et ne font point usage des animaux tués par ces derniers ; ils ne s'unissent point avec eux par des mariages, parce que *les Juifs sont anathème pour eux;* ils ne suivent point les usages des Juifs, par rapport aux phylactères et aux franges des habits. La loi est la même ; elle renferme, chez les Samaritains comme chez les Juifs, six cent treize préceptes ; mais il y a quelque différence dans l'observation de ces préceptes, en ce qui concerne les purifications, parce que les Samaritains les observent, tandis que les Juifs ne peuvent plus s'y conformer, depuis que Jérusalem n'est plus en leur pouvoir. Les Samaritains ont une écriture et une prononciation différentes de celles des Juifs. Ils ne font aucun changement au caractère dans lequel la loi est écrite, et n'y en substituent point un autre, se conformant en cela à cette parole que Dieu a dite en parlant de la loi : *Vous n'y ajouterez rien, et vous n'en retrancherez rien.* Il pourroit se faire qu'une partie de cette réponse eût pour objet les *points-voyelles,* que les Samaritains peuvent regarder comme une addition faite par les Juifs au texte de la loi. Malgré ce qui est dit, dans les passages que je viens de citer, de l'identité de la loi qui est entre les mains des Juifs et des Samaritains, on lit dans un autre endroit : « Nous » avons des préceptes opposés aux leurs, et » nous n'avons point deux doctrines ; nous » suivons tous une seule et même loi. » Il est vraisemblable que par ces préceptes qui sont observés par les Juifs, et opposés à ceux que suivent les Samaritains, il faut entendre des pratiques fondées sur la tradition et le Talmud, et que les Samaritains opposent leur unité de doctrine à la division des Juifs en Karaïtes et Rabbanites ; division dont, dans leur dernière réponse, ils déclarent avoir connoissance : dans la première ils avoient semblé dire le contraire, parce que celui qui avoit rédigé les questions en arabe, ne connoissant pas la matière, avoit étrangement défiguré les noms de ces deux sectes juives. Les Samaritains assurent, au contraire, qu'il n'y a point de division ni de secte parmi eux; le nom même des *Dosithéens* leur est inconnu aujourd'hui. La question qui leur avoit été faite pour savoir s'il y avoit parmi eux différentes sectes, ayant été traduite en arabe d'une manière amphibologique, a donné lieu à un malentendu dont j'ai parlé ailleurs, et a produit une longue exposition des différentes alliances de Dieu avec Noé, Abraham, Moïse, Phinéès et les enfans d'Israël, qu'il n'entre point dans mon plan de rapporter ici.

Des Funérailles.

Une des questions proposées aux Samaritains avoit pour objet de connoître ce qu'ils observent à l'égard des morts et des inhumations. On vouloit surtout savoir s'il étoit vrai, comme on le lisoit dans la réponse de M. Pillavoine, que pour éviter la souillure produite par l'attouchement d'un cadavre, ils fissent ensevelir les corps de leurs frères par les Turcs et les Chrétiens, ce qui paroissoit contraire à toute vraisemblance.

Je transcrirai ici la réponse de Salamèh : « Vous demandez ce que nous pratiquons à » l'égard des morts ; le voici : Avant la sortie » de l'âme, nous lisons pour les mourans quel- » ques passages choisis de la loi, et nous of- » frons des vœux sur le mont Garizim. Après

» la mort, nous lavons le cadavre avec une eau
» pure, de nos propres mains, et nous réci-
» tons sur lui la loi toute entière. Lorsqu'on
» vient pour faire les funérailles, nous suspen-
» dons notre lecture ; et quand on porte le
» mort au cimetière, nous lisons devant lui,
» depuis l'endroit où nous en étions restés,
» jusqu'à la fin de la loi. Nos sépulcres nous
» appartiennent en propre, et personne autre
» que nous n'y est enterré ; ils sont en face du
» mont Garizim. Nous observons tout ce qui
» concerne les souillures, ainsi que l'a ordonné
» Notre-Seigneur. Nous récitons des cantiques
» et des prières, afin que Jehova pardonne
» aux morts, et le prêtre les purifie par des
» prières. »

Du Calendrier.

Quelques-unes des pratiques du culte judaïque étant indispensablement attachées à l'époque de la maturité des grains, il n'y a aucun doute que les Israélites n'aient eu une forme d'année qui fut en harmonie avec les travaux de l'agriculture. D'un autre côté, il est certain que leurs mois étoient lunaires. Il est donc très-vraisemblable qu'ils ont usé, dès les temps les plus anciens, du même moyen qu'ils emploient aujourd'hui pour rétablir l'harmonie entre l'année lunaire et l'année solaire, ou plutôt agronomique. Ce moyen consiste, comme l'on sait, à intercaler un mois dans l'année lunaire, qui comprend alors treize lunaisons. On peut douter s'ils régloient ces intercalations d'après un cycle constant, ou s'ils se déterminoient à faire l'intercalation d'après l'observation de l'état de la terre et de ses productions. Ces deux systèmes ont divisé les Juifs long-temps après leur dispersion. Il est vraisemblable que lorsqu'ils formoient une nation indépendante, ils suivoient le second système qui n'exige point de connoissances astronomiques, et que le soin de déterminer les intercalations étoit une attribution du grand-prêtre.

La fixation des néoménies n'a pas moins été chez les Juifs que parmi les Musulmans, un sujet de division. Les uns n'ont voulu déterminer la célébration des néoménies que d'après l'observation effective de la nouvelle lune ; d'autres ont employé le calcul, et l'ont fixée à la conjonction du soleil et de la lune. Il paroît que le premier mode, qui convient mieux à la simplicité des temps anciens, étoit seul employé long-temps encore après la captivité de Babylone.

On n'a pu jusqu'à présent avoir en Europe une idée juste du calendrier des Samaritains. Il paroît que leur grand-prêtre étoit dans l'usage d'envoyer tous les ans, ou même tous les six mois, aux communautés de Samaritains établies en divers lieux, un calendrier qui indiquoit le rapport des différentes ères, et le moment de la conjonction du soleil et de la lune, et par conséquent du commencement de chaque lunaison. Scaliger a publié deux calendriers de ce genre, mais ils sont remplis de difficultés qu'on n'a pu résoudre. On a donc proposé aux Samaritains diverses questions sur ce sujet. Nous croyons devoir les transcrire avec leurs réponses.

« Dieu, leur a-t-on dit, vous a ordonné de
» célébrer la pâque le 14 du premier mois,
» et d'offrir les prémices de votre récolte le
» second jour de la fête des semaines. Votre
» année ne doit donc point être comme l'année
» des Musulmans, dont le premier mois tombe
» tantôt en hiver, tantôt en été, tantôt dans le
» temps où l'on ensemence, tantôt dans celui
» où l'on moissonne. Quelles règles suivez-
» vous pour fixer le commencement de l'année,
» duquel dépendent l'ordre des fêtes et leurs
» époques? Imitez-vous les Chrétiens qui se
» règlent par l'année solaire, ou les Juifs qui
» suivent l'année lunaire, mais se servent
» d'une intercalation?

» Célébrez-vous les jours de nouvelles lunes,
» et avez-vous des prières pour ces jours-là?
» Comment fixez-vous les néoménies? est-ce

» par la vue de la nouvelle lune ou par le calcul?
» Avez-vous des tables astronomiques? »

Un passage de la première lettre de Salamèh contenoit déjà quelque chose sur cet objet. En répondant à la question qu'on lui avoit faite pour savoir si les Samaritains étoient divisés en plusieurs sectes, question dont, comme nous l'avons déjà insinué, il n'avoit pas du tout compris le sens, il disoit entre autres choses : « Nous avons encore les divisions du » ciel; ce sont les tables astronomiques hé» braïques par lesquelles on connoît d'avance » les éclipses de lune et de soleil, et la con» jonction (du soleil et de la lune) qui fait » savoir à quel jour tombent les néoménies, » en sorte que nous connoissons les jours aux» quels les fêtes doivent se célébrer. » Le copiste de la lettre arabe avoit tellement défiguré ce passage, qu'on n'en pouvoit tirer aucun sens. On proposa donc les nouvelles questions qu'on vient de lire, et Salamèh y répondit ainsi :

« Vous demandez, mon frère, si nous ré» glons les néoménies par l'observation ou » par le calcul; sachez, mon frère, que les » néoménies et toutes les fêtes sont réglées » suivant un calcul que nous possédons, et » qui a été fait par Phinées pour la latitude du » mont Garizim. Nous gardons le manuscrit

» de ce livre, et tous les six mois nous en » tirons les règles qui déterminent les néomé- » nies et les fêtes, et nous les distribuons » dans Israël. Nous savons aussi le moment où » le dragon vient attaquer les deux astres (on » voit bien qu'il s'agit des éclipses de soleil et » de lune), avec les heures, les minutes et les » années, d'une manière exacte. Vous de- » mandez si nous avons des tables astrono- » miques; nous n'en avons point d'autres que » celles dont nous venons de parler. »

Ces tables sont sans doute une sorte de calendrier perpétuel. La réponse de Salamèh présente plusieurs difficultés dans le texte; je crois cependant en avoir bien saisi le sens. J'ai prié M. Rousseau de me procurer quelques-uns de ces calendriers que les Samaritains rédigent tous les six mois.

De l'état actuel des Samaritains.

Il ne me reste plus qu'à extraire des lettres de Salamèh et de ses réponses aux questions qu'on lui a proposées, ce qui concerne l'état actuel des Samaritains, leur nombre, les lieux de leur résidence, et leur opinion sur une nombreuse colonie de leurs frères qu'ils croient exister en Europe.

Il n'y a point aujourd'hui de Samaritains ailleurs qu'à Naplouse et à Jafa. Il y a environ cent ans qu'il ne s'en trouve plus en Egypte. Tant à Naplouse qu'à Jafa, le nombre des Samaritains, hommes, femmes et enfans, peut monter en tout à deux cents. Ils forment trente familles; ils habitent à Naplouse la *rue Verte*, que Jacob a appelée *Halkat assamara* (1), et où il faisoit sa demeure, ainsi qu'il est dit dans la Loi. Ils sont vraiment Israélites d'origine, et descendans de Jacob, nommé aussi *Israël.* Ils sont de la tribu de Joseph. Leur costume, par lequel ils se distinguent de toutes les autres sectes ou nations, est un turban qu'ils portent toujours sur leurs têtes. Les jours de sabbat et de fêtes, quand ils vont à leur synagogue, ils portent des vêtemens blancs. Il y avoit autrefois des Samaritains en Egypte, à Damas, à Gaza. Il y en avoit aussi à Ascalon, qui ont été emmenés par les Francs il y a six cents ans. En ce temps-là il y avoit encore des Samaritains à Césarée; ils ont pareillement été emmenés par les Francs.

Les Samaritains sont fermement persuadés qu'il existe en Europe une nombreuse communauté de leurs frères. Ils disent que ces Samaritains habitent dans le pays d'*Aschkenaz*,

(1) On lit dans les deux copies que j'ai sous les yeux de la lettre arabe, *Halkat assamara;* mais je suis convaincu qu'il y a dans l'original *Halkat assadé;* c'est le חלקת השדה de la Genèse, ch. 33.

sans doute en Allemagne. Dans la première lettre de Salamèh, au lieu d'*Aschkenaz*, on lisoit *Djenaouz*, ce qui avoit fait croire qu'il vouloit parler du pays des Génois; mais c'étoit une erreur. Les Samaritains disent avoir reçu, il y a cent ans, une lettre de leurs frères d'Allemagne, par laquelle ceux-ci leur marquent qu'ils sont au nombre de 127,960 personnes. Ils demandent qu'on leur procure des renseignemens positifs sur cette colonie de Samaritains, et qu'on les mette en correspondance avec eux. Ils disent avoir aussi de leurs frères dans le pays des Russes.

On n'a pas manqué de répondre à Salamèh qu'il y avoit en Europe beaucoup de Juifs, tant karaïtes que rabbanites, mais qu'il n'y avoit point de Samaritains dans aucune contrée de cette partie du monde. On l'a prié d'envoyer une copie de la lettre dont il avoit parlé. On lui a aussi observé qu'on n'avoit aucune connoissance que les Francs, lors de leur expulsion totale de la Syrie, eussent emmené à leur suite une colonie de Samaritains, et on lui a demandé de faire connoître sur quelles autorités ce fait étoit appuyé. Il est bon de transcrire ici sa réponse.

« Vous dites, mon frère, qu'il ne se trouve
» parmi vous personne d'entre nos frères qui
» gardent la loi de Moïse, notre prophète

» (j'ai déjà observé que le mot *samaritain*
» signifie, suivant eux, les *gardiens de la loi*) ;
» c'est là une chose que nous ne croyons pas,
» parce que nous possédons ici des lettres et
» un livre de la loi que nous ont envoyés nos
» frères qui habitent votre pays. Le nom de la
» ville d'où ce livre est venu, est *Aschkenaz*,
» au royaume des Francs. Vous dites qu'il ne
» se trouve point parmi vous un seul homme
» d'entre eux ; ce discours, mon frère, est
» faux, car nous savons certainement qu'il
» s'en trouve un grand nombre. Vous nous
» priez de vous envoyer la lettre qui nous est
» parvenue, et dans laquelle il est dit qu'elle
» vient de nos frères susmentionnés. Elle est
» écrite, mon frère, dans la même langue que
» la présente » (c'est-à-dire, en langue hébraïque et en caractères samaritains).

Salamèh revient encore sur cet objet dans la lettre arabe qui accompagne la lettre hébraïque. Il répète que les Samaritains sont en grand nombre dans la ville d'*Aschkenaz*, et ajoute :
« Nous vous prions de prendre à ce sujet des
» informations exactes, comme vous nous
» le promettez, et de nous instruire de leur
» situation, des principes fondamentaux de
» leur religion, de leurs usages, de leurs lois,
» de l'ordre de leur culte, et de nous dire sous
» quel nom est connue leur secte, et quelle re-

» ligion ils observent; enfin s'ils sont tels qu'ils
» nous l'ont écrit dans leur lettre, ou bien au-
» trement. Souvenez-vous de nous faire savoir
» tout ce que vous pourrez apprendre de cette
» société des nôtres qui habitent dans la ville
» d'*Aschkenaz.* »

Une assertion aussi positive présente un problème fort difficile à résoudre. On sait bien qu'il n'existe de Samaritains ni en Allemagne, ni en aucune autre contrée de l'Europe. Mais de même que Marshall, en écrivant aux Samaritains, s'exprima de manière à leur faire croire que ceux avec qui ils correspondoient étoient des Samaritains établis en Angleterre, il est possible que quelque savant d'Allemagne ait essayé de lier sous un semblable masque, avec les Samaritains de Naplouse, une correspondance qui est restée totalement inconnue. On peut aussi avoir assimilé aux Samaritains les Karaïtes, assez nombreux en Pologne et en Moscovie, et qui ont quelques rapports avec les Samaritains. On sauroit mieux à quoi s'en tenir, si l'on pouvoit obtenir une copie de la lettre dont parle Salamèh. J'ai prié M. Rousseau de ne rien négliger pour se la procurer.

Ce que disent les Samaritains d'un exemplaire de la loi en caractères samaritains, qui leur a été envoyé par leurs frères d'Allemagne, n'est pas sans quelque fondement ; car Maundrell, qui voyageoit en Palestine en 1696, assure avoir vu chez le prêtre des Samaritains le premier tome de la Bible polyglotte de Londres, où se trouvent le Pentateuque hébreux-samaritain et la version samaritaine.

Je termine ici cet exposé de la doctrine et de l'état actuel des Samaritains, parce que je me propose de publier la curieuse correspondance dont je viens de donner un extrait, quand j'aurai obtenu d'Alep quelques éclaircissemens que j'attends du zèle et de l'amitié de M. Rousseau.

De l'Imprimerie de Poulet, quai des Augustins, n° 9.

www.ingramcontent.com/pod-product-compliance
Ingram Content Group UK Ltd.
Pitfield, Milton Keynes, MK11 3LW, UK
UKHW021214230726
13926UKWH00003B/1008

9 782014 451023